# DU BESOIN

## DE

# L'ÉCONOMIE

## EN FRANCE,

### ET

# DES MOYENS

## DE LA METTRE EN PRATIQUE

### DANS L'INTÉRÊT PUBLIC.

*Lettre au Roi et aux Chambres,*

PAR J. DELPECH.

A MONTPELLIER,

DE L'IMPRIMERIE DE JEAN MARTEL AÎNÉ,

PRÈS LA PRÉFECTURE, N° 10.

1831.

# Avant-Propos.

Ce travail devait faire la matière d'une pétition aux Chambres : mais des pétitions que j'ai adressées aux Chambres depuis plus d'un an, n'ont pu être mentionnées dans un rapport, quoique, à mon avis, les sujets en soient graves et urgens. Le sujet de ces réflexions est plus grave et plus urgent encore : ce serait les ensevelir que de les laisser tomber dans le gouffre où tant d'observations plus ou moins importantes vont se perdre. Il m'a donc paru plus sûr de l'adresser directement au Souverain et aux Chambres.

Qui êtes-vous, dira-t-on, pour vous mêler des intérêts publics ? — Je pourrais répondre : je suis un Français : et cela devrait suffire. Mais je veux bien n'être pas si laconique. — Je suis un citoyen assez obscur ; paisible par goût et par caractère ; payant l'impôt , quelque onéreux qu'il soit ; aimant ma patrie à l'égal de ma famille , et desirant ardemment la voir aussi prospère qu'elle est belle : voilà mon existence civile. Quant à l'ordre politique : car il faut décliner toutes ses qualités , je suis de ceux qui en 92 , étaient appelés les *enragés de modérés,* qu'aujourd'hui on qualifie de *juste-milieu* , en leur décernant pour insignes une seringue. Je crois fermement que ma patrie ne peut prospérer que dans le repos et les voies de la sagesse ; que l'impôt doit représenter le gage de ces conditions de la prospérité civile et politique , et non les moyens de l'existence oisive et onéreuse d'une foule de sangsues, qu'une série de gouvernemens décepteurs nous a léguée comme les déplorables traces de leur passage. Je crois à la nécessité très-urgente de l'allégement des impôts de toute sorte , sous peine de la vie politique de la France. Voilà qui je suis, voilà ma profession de foi, voilà mes titres. — Est-on plus exigeant ? J'ajoute : j'aime la liberté : je ne l'eusse pas achetée au prix d'un changement de dynastie ; parce que je sais par l'histoire, que sans y gagner grand'chose, les nations y perdent leur repos pour un siècle. Mais j'accepte comme un fait irrévocable , accompli par la force des choses et non par quelques volontés individuelles , le tour de roue de la fortune qui a poussé la nation française en avant de son siècle, et peut-être de ses propres lumières ; comme M. Dupin l'a trop bien démontré, et depuis trop peu de temps pour que les choses soient fort changées à cet égard. Je crois qu'il est extrêmement urgent que la France s'arrange pour ne pas encourager les factions intérieures et les inimitiés extérieures ; et que les mesures les plus pressantes sont toutes financières. C'est l'économie qu'il faut pratiquer immédiatement : sans des mesures efficaces de cette espèce, il faut périr !!!

# DU BESOIN

## DE

## L'ÉCONOMIE EN FRANCE,

### ET DES

## MOYENS DE LA METTRE EN PRATIQUE

### DANS L'INTÉRÊT PUBLIC.

SIRE, NOBLES PAIRS, CITOYENS que la confiance du Souverain ou celle des Français ont investis de la mission sublime et difficile d'assurer la prospérité d'une nation grande et généreuse : un citoyen obscur que sa position sociale a soumis à un contact fréquent avec toutes les classes de Français, que sa profession a depuis long-temps accoutumé à réfléchir et à conclure logiquement, se croit obligé à vous faire part de ses réflexions touchant la situation présente de la France, les besoins urgens qu'elle éprouve et les dangers qu'elle court, si ces besoins ne sont pas satisfaits. Le désintéressement le plus parfait, le patriotisme le plus pur, guident la plume de celui qui croit devoir élever la voix : que le zèle qui vous anime tous, sans doute, vous fasse prêter une oreille attentive aux réflexions d'un homme inconnu, qui n'a d'autre intérêt que celui du repos et du bonheur de la patrie.

SIRE, vous avez rendu à la nation un insigne service, en la sauvant de l'anarchie et de ses propres passions. Quel bonheur que sur les marches même du trône, il se soit trouvé un citoyen pur, éclairé, dévoué, qui acceptant la suprême magistrature malgré toutes les couleuvres dont elle devait être entourée, assiégée, a fait renaître l'ordre au moment où tous les liens sociaux venaient d'être rompus ! Malheur à la nation dont les droits ne peuvent être rétablis que par le réveil du peuple ; où les masses sont réduites à la nécessité d'exhumer ce droit de l'état de nature qui efface toute hiérarchie sociale ! Mais qu'au même instant où la population lasse de combattre et de vaincre, embarrassée d'un pouvoir insolite et dont elle est sur le point d'abuser, il se trouve de quoi lui rendre le repos et renouer la chaîne des institutions, en éludant le terrible interrègne enfanté par un aussi terrible incident ; c'est un bonheur inappréciable et dont il faut être reconnaissant envers l'homme, quel qu'il soit, qui l'a rendu possible.

Législateurs généreux que le sort a placés sur la brèche et qui avez eu le courage de vous y maintenir et de vous interposer ; gloire à vous ! Ce n'est pas par vos bras que la victoire a été méritée ; mais c'est par votre sagesse qu'elle a été mise à profit pour la nation.

Et vous Patriciens que le hasard n'a pas aussi bien servis, que la dispersion ou des sentimens respectables ont paralysés : la nation n'oubliera pas que, si parmi vous quelques-uns, qui avaient mangé jusque-là le pain de l'exil, sont descendus volontairement au dernier degré du mépris et de l'abjection, en ne suivant pas de nouveau les nobles exilés qui les avaient comblés de biens et de faveurs, au temps de leur passagère et fragile prospérité, au péril de cette prospérité même ; la plupart, après avoir employé tous leurs efforts pour prévenir une grande infortune, et pour le pays de longues et pénibles convulsions, se sont rattachés franchement aux libertés nationales qu'ils avaient courageusement défendues ; que lorsque des conseillers aveugles ou ineptes avaient réussi dans la coupable entreprise d'adultérer l'expression des vœux nationaux et d'obtenir une Chambre des Députés corrompue,

vous avez, laissant à cette représentation men-
songère le rôle aristocratique qu'elle s'était ar-
rogé, saisi le rôle démocratique qu'elle avait si
honteusement abjuré.

Ce concert spontané des masses et des som-
mités nationales est ce qui a fait la circonspec-
tion de l'étranger, devant des principes qu'il ne
peut s'empêcher de craindre. Les souvenirs du
passé et de nos vieux lauriers étaient graves et
mémorables, sans doute ; mais le prestige d'un
grand génie à la puissance duquel on a beaucoup
accordé avec raison, mais à côté duquel on n'a
pas placé sur une ligne assez élevée la puissance
et la volonté nationales, obtenait encore trop de
crédit, pour ne pas espérer que des divisions intestines, le regret des abus dans une nation qu'on
a pris tant de soin de corrompre, eussent pu
rendre la soumission assez facile. L'unanimité de
la nation dans le grand acte qui l'a reconstituée
aussitôt qu'un vieux trône avait été renversé, est
ce qui a véritablement suspendu les démonstrations hostiles auxquelles il fallait s'attendre.

Ces démonstrations, de grands efforts d'as-
servissement, il faut s'y attendre encore, si la
nation se divise. Une seule question politique
est encore pendante, et peut donner des chances
favorables à ces événemens : mais la sagesse nationale paraît avoir pressenti la solution ration-

nelle qui peut la terminer en toute sûreté [1] ;
et si une expérience douteuse doit encore être
faite, tout annonce au moins, qu'elle sera de
courte durée.

SIRE, LÉGISLATEURS, un danger plus grand,
plus prochain, est à craindre pour la France :
le mal est intestin, domestique ; il s'étend à
toutes les classes de citoyens, et notamment à
celles qui possédant peu, font prospérer leur
mince patrimoine à force d'ordre et de travail ;
celles qui ne possédant rien, ne nourrissent leur
famille qu'à la sueur de leur front. Là se trou-
vent les agriculteurs, les ouvriers, les fabricans,
les marchands, et les négocians qui dépendent
de tous les autres. Ce sont là les bras et les ma-
melles de l'État.

Il faut le dire : les impôts ne peuvent plus être
supportés ; et si des économies grandes, éten-
dues, définitives, qui fondent un présent et un
avenir plus tolérables, ne sont pas immédiatement adoptées, toute sorte de troubles civils
sont à craindre, ou pour mieux dire inévitables.

Songez bien, d'un côté, que le peuple est
assez éclairé aujourd'hui pour ne pas se mé-
prendre et accepter comme un allégement, un

---

[1] L'auteur écrivait en septembre 1831.

simple déplacement qui transporterait l'impôt
sur d'autres objets, en laissant subsister le même
chiffre. Cette déception déjà pratiquée par des
ministères précédens et dévoilée avec raison, ne
trouverait aucun crédit aujourd'hui. D'un autre
côté, que conformément à ce qui s'est toujours
et très-naturellement pratiqué en pareil cas,
les partisans d'une dynastie déchue ne sauraient
manquer de faire remarquer à ceux qui payent,
que les mêmes charges sont maintenues ; que les
abus ont seulement changé d'adresse, mais que
leurs profits vont à ceux-là même qui les avaient
le plus décriés, qui avaient le plus fortement
promis de les renverser.

Songez aussi que cette logique facile ne peut
manquer de succès ; que le peuple qui l'entend
à merveille, sans faire attention à la qualité des
bouches dont elle lui vient, en est ameuté contre
les magistrats les plus sympathiques avec les
principes politiques du moment présent, qu'il
confond avec ceux qui profitent en effet des abus
conservés ; et qu'il renverse ainsi, toutes les
barrières de l'ordre public.

Songez encore qu'une secte ambitieuse, poli-
tico-mystique [1], qui, selon la définition éner-

---

[1] Les St.-Simoniens, qui publient dans leurs écrits,
qu'ils grattent la société actuelle pour la démolir, et la
reconstruire à leur gré.

gique de l'un de ses raisonnables disciples, n'est composée que d'innocentes et honorables dupes et de rusés fripons, exploite avec un bien dangereux avantage cette même logique ; et profitant de l'ignorance trop générale du peuple, lui enseigne, non-seulement à se refuser à l'acquittement des impôts indirects qui l'atteignent visiblement, mais encore à attaquer et dépouiller les citoyens les plus honorables, du fruit des travaux les plus méritoires.

La surcharge des impôts conduit donc à mettre la propriété, la sûreté individuelle, la paix publique en péril ; et ne nous le dissimulons pas : si la paix publique est troublée, la guerre extérieure est inévitable.

Dans ce cas, sans doute, le plus inexpugnable boulevard de la nation est dans des sentimens que tous les cœurs renferment : la haine de tout ennemi étranger, l'amour de la nationalité, et la crainte d'une nouvelle humiliation que, cette fois, l'ambition des conquêtes ne légitimerait pas. Mais qui peut dire jusques à quel point les défections que les passions haineuses, l'ambition, conseilleraient, affaibliraient les efforts de tous ou du plus grand nombre, et combien de nouveaux malheurs au moins, les incidens de cette espèce susciteraient ! Dans la supposition même la plus favorable, croit-on que la France victorieuse

serait moins endettée, moins écrasée d'impôts?
Les révolutions et les guerres coûtent toujours
fort cher, même quand on s'en tire bon marché.

Ainsi, après en avoir imposé au-dehors, par
une attitude noble, digne, fière, la nation risque
de périr par ses divisions intestines! Il n'est pas
de citoyen observateur et clairvoyant qui ne sente
tous les jours autour de lui, les efforts des
hommes du passé pour envenimer toutes les
souffrances, pour aggraver et légitimer toutes
les plaintes. Ils ont désespéré de l'assistance
extérieure; ils comptent sur les divisions intérieures. Ils s'attachent à démontrer que tout ne
peut être que désordre sans eux et leurs patrons;
et pour avoir infailliblement raison, ils soufflent
tous les désordres. Ils disent, ils écrivent qu'une
révolution est nécessaire pour revenir vers le
passé, devenu selon eux indispensable; et l'on
voit, par une immensité de détails que chacun
connaît et qu'ils avouent, qu'ils emploient tout,
et sur tout le malaise, le mécontentement mal-
heureusement trop fondé et relatif à la surcharge
des impôts, pour susciter la guerre civile, et la
révolution sur laquelle ils comptent et à laquelle
ils s'emploient sans relâche. Cela est si naturel,
qu'il serait bien étrange qu'il n'en fût pas ainsi.

Ce dernier grief n'est que trop fondé et trouvera infailliblement beaucoup d'échos. Que l'on

y songe sérieusement et vite : la surcharge pro-
gressive de l'impôt foncier est devenue intolé-
rable. L'esprit public, à tort ou à raison, est
mutiné contre les impôts indirects appelés *Droits
réunis*. Or, l'ordre social n'a pas d'autre gage
que le respect que les lois doivent inspirer : le
jour où ce sentiment est affaibli, l'ordre social
est ébranlé. Eh bien ! l'impôt territorial, dans
la plus grande partie de la France, en l'état
d'exagération où il est, ne peut plus être payé ;
et l'on peut défier un gouvernement quelconque
d'avoir assez de bras armés pour faire payer un
impôt impossible. Que l'on se garde bien de
courir une semblable chance : elle conduit droit
à l'anarchie, au despotisme, au morcellement
de notre belle patrie.

Quel remède à cela ? L'économie !

Mais un ministre habile s'efforce et n'a pas de
peine à démontrer, qu'il est impossible d'ôter un
centime du budget des voies et moyens. La chose
est indubitable, si l'on laisse subsister l'état des
dépenses. Mais est-ce donc l'arche sainte ? La
France n'a-t-elle pas été gouvernée, administrée,
cotisée, défendue, jugée, enseignée, etc., etc.,
à moins de frais, même quand elle était plus
grande ? Si la chose a été possible, pourquoi
serait-elle devenue impossible aujourd'hui ?
Voyons : examinons.

En commençant par les rouages culminans de
l'état social : le trône, devenu, comme on dit,
civique [1], c'est-à-dire la plus haute magistrature
de l'État, n'a pas besoin du prestige qui fait toute
la force des souverains absolus, auxquels il faut
supposer l'infaillibilité, puisque toute loi émane
d'eux. Aussi, le prétoire a disparu : la garde des
citoyens soldats ou des soldats tirés de la famille
des citoyens, suffit à un Roi que la raison a
institué et qui n'est que la loi vivante. Son existence doit être noble et magnifique ; mais il est
inutile qu'il ait les moyens de séduire ou de
corrompre. Aucune charge de l'État ne doit re-
tomber sur lui : la nation doit pourvoir à tout.
Mais dix millions sont une somme suffisante pour
représenter la munificence d'une grande nation.

Les Pairs du Royaume doivent jouir de la plus
parfaite indépendance. Elle serait bien impar-
faite, s'ils recevaient de l'État, n'importe par
quelle voie, un salaire quelconque. La noblesse
d'une si haute magistrature, appelée à être le
médiateur entre le trône et la nation, veut qu'elle
soit entièrement gratuite. Que celui qui est
appelé à un aussi haut rang, ait déjà fait preuve
d'une grande capacité et de grandes vertus, par
les biens qu'il a su acquérir et conserver : une
fortune mal acquise flétrira suffisamment le nom

[1] Un Roi-citoyen.

de celui qu'elle accablera , pour qu'il ne puisse
jamais être appelé à un aussi grand honneur. La
prudence et la justice veulent même que le Pair
qui aurait assez de désordre pour perdre sa fortune , jusques à concurrence d'une quotité que
l'on peut définir , cesse d'aussi nobles fonctions.

Des emplois salariés attachés au palais , sous
quelque prétexte que ce puisse être , sont essen-
tiellement incompatibles avec la dignité de Pair.
Ce sont là affaires de concierge ou de secrétaire,
auxquelles un haut et puissant Seigneur ne peut
vaquer.

A quel titre la Chambre des Députés aurait-
elle une part dans le budget ? La Chambre vient
de sentir imparfaitement cet argument, en di-
minuant ses propres dépenses. Mais pourquoi un
Président est-il rétribué ? Qu'est-il hors de
l'assemblée ? A-t-il des fonctions à remplir , des
ordres à donner, etc.? Pourquoi donc un palais,
un service de Prince et un traitement quelconque ? Puisque les fonctions de Député sont gratuites , on ne saurait comprendre pourquoi celles
du Président ne le seraient pas. Croit-on que les
réunions chez le Président soient sans influence
et sans danger ? On a senti ceux de sa table , que
l'on a supprimée ; mais si un patronage est possible , il peut être exercé au profit de quelqu'un !
Les Députés qui ont besoin de former leur opi-

tion , c'est-à-dire d'en prendre une toute faite ,
sont des législateurs de peu d'utilité. Sans doute
les questions doivent être étudiées ; mais c'est
dans les bureaux , dans les commissions que la
discussion les éclaire , et non dans les dîners ou
les soirées du Président. Son rôle doit être
exactement borné à la *régulation* des séances ; il
ne lui est pas permis , par la loi , d'y joindre
celui de docteur. Le Président doit donc être le
*primus inter pares.* On n'a pas compris encore
que toute autre destinée de sa part est un reste
de l'action qu'un despote se réservait d'exercer
par cet intermédiaire , sur des muets ou des
séïdes.

Ce que je viens de dire des fonctions du *Maire*
*du palais* des Pairs , doit s'entendre également
de celles des *questeurs :* ce sont affaires de secré-
tariat , pour lesquelles on n'a nullement besoin
de Députés fonctionnaires. On croirait qu'il
s'agit de bien peu de chose : que l'on se désabuse ;
le traitement connu n'est que la moindre partie de
ce que des questeurs coûtent ; il y a un logement,
un ameublement , le chauffage , l'éclairage , des
voitures, des valets, etc. , tous restes de la pompe
d'une royauté qui avait oublié qu'elle n'était plus
que le pouvoir exécutif d'un gouvernement re-
présentatif.

Tous ceux qui n'ont pas assez de générosité

pour exercer gratuitement les fonctions de législateurs dans tous les degrés, n'ont point compris
la dignité de leur mission et doivent y renoncer.

Les traitemens des Ministres sont excessifs : la
moitié suffirait et au-delà. Aucune dépense ne
doit être à leur charge ; tous leurs employés sont
à celle de l'État. Que la pompe qui les entoure
soit digne de la nation à laquelle ils ont voué
leurs talens, cela est convenable ; mais ces dépenses ne sont pas soldées par le Ministre. Eh !
n'est-ce rien que d'avoir mérité tant de confiance?
N'est-ce rien aussi, que la honteuse richesse que
quelques-uns ont osé montrer après leur retraite?
Que l'on compare à ce scandale, l'honorable
pauvreté de Pitt, de Canning et autres !

A quel titre tout Ministre changé reçoit-il une
pension, n'eût-il administré qu'un mois ? Est-ce
dès-lors un homme si précieux, qu'il ne doive
plus rien faire et que l'État doive pourvoir à son
existence? Cet abus n'existe plus, probablement ;
mais le trésor est grevé injustement d'une foule
de pensions de pareille origine. Ces engagemens
sont-ils plus sacrés que le pain du pauvre ?

Que le Souverain appelle à son conseil tous
ceux dont les lumières peuvent être utiles, rien
ne doit être plus libre ; mais faut-il décerner le
titre de *Conseiller d'État* et le traitement qui

s'ensuit , à quiconque a paru une seule fois au
Conseil ? Ce titre doit-il être décerné gratuitement à des employés d'une autre espèce , des
Préfets par exemple , qui ne peuvent vaquer aux
deux fonctions , mais dont on grossit ainsi les
traitemens ? Le titre de Maître des requêtes ,
multiplié à l'infini , est évidemment une *sinécure,*
puisqu'il est porté par tant de personnes qui ne
peuvent , à cause de l'absence , remplir aucune
fonction ; cependant , c'est un prétexte d'aug-
menter à volonté les avantages de tel *serviteur*
*fidèle ,* selon le langage des Cours.

Les ministères paraissent multipliés au-delà du
besoin. A quoi bon un Ministre des travaux publics et du commerce? Ce fonctionnaire connaît
donc mieux que qui que ce soit, en France , les
intérêts et les besoins du commerce ? Et si une
seule de ces lumières lui manque , n'est-il pas à
craindre qu'il l'entrave au lieu de l'aider ? Quels
services rendra-t-il au commerce? Le protégera-
t-il , le gênera-t-il , le réglera-t-il ; est-il chargé
d'avertir les fabricans , les marchands , les arma-
teurs, que telle place va former telles demandes,
que telle autre est sur le point d'éprouver des
faillites, qu'il faut faire les draps plus larges, les
toiles plus fines , etc. ? On ne conçoit vraiment
pas ce qu'un Ministre peut rendre de services au
commerce; encore moins pourquoi un ministère

des travaux publics. De quels travaux s'agit-il ?
de ceux de Paris ; c'est affaire à la commune.
Est-ce de la construction des ponts, des canaux,
des chemins de fer ? Mais ces choses ne doivent
pas être entreprises par l'Etat, qui ne peut
manquer de construire mal et chèrement. C'est
affaire aux compagnies, à l'esprit d'association,
qu'on ne peut encourager que par la confiance,
par l'ordre et l'économie des deniers publics. Ce
qu'il y a de véritablement afférent pour l'autorité, dans cette administration superflue, rentre
dans les attributions des ministères de l'intérieur,
des relations extérieures et de la marine : il s'agit
de donner des avis salutaires obtenus par les agens
diplomatiques, de chercher par les mêmes voies
des débouchés nouveaux ou plus larges, et de
faire protéger par la marine les expéditions loin-
taines, quand il y a lieu.

Un autre ministère tout-à-fait inutile, est
celui de l'instruction publique et des cultes.

Ce dernier objet n'a jamais été bien compris :
pourquoi le Souverain, ni tout autre degré de
l'autorité veulent-ils exercer des droits sur le
choix et la nomination des ecclésiastiques de tous
les rangs? Personne au monde n'a qualité pour
cela, que les supérieurs ecclésiastiques. Toute
réserve à cet égard est un abus de la force, qui
porte nécessairement son fruit. Des Évêques sont

proposés par le Souverain et le Pontife refuse
de les nommer : qu'arrive-t-il de cette collision ?
que l'autorité royale est compromise , celle du
Pape augmentée et qu'il y a danger de schisme :
c'est-à-dire des troubles les plus redoutables.
Toutes les pages de l'histoire sont remplies de
la démonstration par des faits quelquefois bien
graves , que l'autorité civile ne doit nullement
intervenir dans le choix et la nomination des
ecclésiastiques ; mais que son droit doit se borner
à interdire les fonctions du ministère à celui qui
afficherait de mauvaises mœurs , ou qui aurait
méconnu l'autorité des lois , ou qui se serait
rendu criminel. Il est impossible d'étendre le
droit au-delà sans injustice et sans y perdre quelque chose. On ne fait pas attention que d'autres
droits ont été revendiqués, de concert avec le
clergé national, par des Souverains qui avaient
fait des ecclésiastiques un ordre politique dans
l'État et un moyen de Gouvernement. Mais dans
un Gouvernement qui, comme le nôtre, répudie
un pareil moyen , et dans un État où le prêtre
n'appartient qu'à l'autel, de pareils droits seraient invoqués sans motifs, sans justice ; et l'ordre ecclésiastique tout entier, qui verrait établir
sur lui des droits sans réciprocité , doit se cons-
tituer en hostilité envers l'État , dont il peut se
croire persécuté. Une dignité répondant à ce
que l'on appelait autrefois la feuille des béné-

fices, n'a plus d'objet aujourd'hui ; à moins que l'on ne veuille fonder un *banc des Évêques* à la Chambre des Pairs, chose qui n'est pas encore dans nos mœurs. A quoi peut donc être bon un Ministre des cultes?

Quant à l'instruction, dans l'état de barbarie des nations l'autorité a certainement l'obligation de leur donner les lumières dont elles ont besoin; mais quand celles-ci sont répandues, tout ce que l'autorité peut faire c'est de n'en pas empêcher la diffusion, de la favoriser même par tout ce qui est en son pouvoir. Mais à quoi peut servir dans cette intention, un maître juré des lumières et tous les prud'hommes dont il peut s'entourer? Quels services ces institutions ont-elles rendus?

On s'est moqué fort spirituellement par la traduction burlesque de son nom, du premier personnage que Napoléon chargea de cette dignité, tout grave et respectable qu'était son caractère personnel: c'est que l'organisation des écoles était faite dans un sens rétrograde, au lieu d'y avoir pris en considération les améliorations du siècle. Ainsi, *faciunt asinos* se trouva le nom du grand-maître et la devise bien méritée du corps qu'il était appelé à gouverner : non que ce dernier ne fût et qu'il ne soit encore composé d'hommes d'un mérite très-éminent; mais parce que, comme les fabricans de draps du

temps de Louis XIV, ils ne pouvaient et ne
peuvent encore s'écarter des réglemens et des
ordonnances, dans les procédés de leurs leçons.
Est-ce à dire que les dépositaires de l'autorité
ont déliré de concert ? Nullement : les hommes
les plus éclairés de leur siècle, raisonnent
aussi juste que qui que ce soit. Mais l'autorité
d'alors redoutant les lumières, toujours fatales
aux despotes, dicta la loi, à laquelle les digni-
taires de toute sorte souscrivirent [1]. Les choses
ont été trouvées et laissées en cet état par les
Gouvernemens qui se sont succédés depuis : on
peut donc dire que l'institution de l'Université
Napoléonienne, continuée sous divers noms et
érigée enfin en ministère, a réellement entravé
la diffusion des lumières, au lieu de la favoriser ;
qu'elle a été instituée pour cela et qu'elle est
demeurée fidèle à sa destinée.

Il ne serait nullement difficile de démontrer
par des exemples détaillés, que tandis que les
colléges royaux font perdre aux jeunes garçons

---

[1] On peut, par un exemple curieux, donner la mesure
du but et des moyens. En vertu d'un réglement, tout
Professeur public est privé de la liberté d'enseigner autre
chose à son profit; et pour assurer les poursuites contre
toute infraction à cette interdiction de la liberté de l'industrie, des tribunaux d'exception jugent les délits des
membres de l'Université.

huit années ou plus, pour étudier, sans jamais la savoir, une seule langue, les officiers de l'Université étant appelés à juger des améliorations nombreuses, variées, éprouvées et vraiment précieuses, ils se sont engagés dans les plus puériles arguties sans vouloir ni vérifier ni éprouver ; et qu'ils ont laissé dans tous les esprits éclairés, la pénible impression de gens qui craignent d'être convaincus.

Dans l'enseignement des sciences, la distribution des matières est demeurée la même, tandis que le cercle des sciences est devenu immense, que de nouvelles sciences ont surgi tout entières : de-là, des lacunes, un édifice gothique, de mauvaises études, le dégoût de la part des jeunes gens, qui rebutés de sciences qu'ils ne peuvent comprendre et qui ne peuvent les intéresser, se jettent dans la politique et jouent au Gouvernement dans les rues, par pure désœuvrance. Cependant le personnel des écoles spéciales est nombreux, les frais sont grands, les robes de soie sont éclatantes et la science est réduite à rien. Que font donc le Ministre de l'instruction, les Conseillers, les Inspecteurs, les Recteurs, les Visiteurs, les Proviseurs, les Censeurs, les Doyens, etc. etc.? Tout cela ne s'occupe nullement de la science ; tout cela est occupé de ramasser un impôt qui fait que l'ins-

truction ou la déception qui en tient lieu, est
un véritable privilége pour les riches; ils en-
chaînent la plus respectable de toutes les auto-
rités : celle du père de famille qui n'a pas la
liberté de faire élever selon ses lumières et son
cœur, les enfans qu'il a fait naître pour l'État.
On le voit donc clairement, l'Université, par
conséquent un ministère de l'instruction, ne
font et ne peuvent faire autre chose que d'en-
traver les études, depuis les plus simples jusques
aux plus élevées.

Une remarque historique fort curieuse sera
bien placée ici : avant la fondation de l'Uuiver-
sité, l'instruction publique, telle qu'elle existe
aujourd'hui, étendue même à des pays qui ne
font plus partie de la France, ressortissait du
ministère de l'intérieur, où une vingtaine de
commis suffisaient pour toutes les écritures.
Aujourd'hui un Ministre, un hôtel, un état-
major nombreux et plusieurs centaines de commis suffisent à peine ; cependant on n'enseigne
pas en France une panse d'*u* de plus : il est
vrai qu'il existe un impôt de plus et une liberté
de moins.

Rendre complètement la liberté à l'enseignement, sans restriction aucune que le droit
de la police, de se faire ouvrir les portes quand
elle voudra pour s'assurer si l'on n'attaque pas

les lois, est provoquer suffisamment l'association des pères de famille, qui ne manqueront
pas de se montrer empressés de jouir de cet
avantage, pour l'éducation de leurs enfans. De
même, les savans formeront des réunions pour
enseigner les sciences telles que le temps les fait,
et non pas telles que l'autorité les prescrit.

La part de l'autorité doit être de faire donner
gratuitement aux enfans du peuple, les connais-
sances de la langue, de la lecture, de l'écriture,
du calcul, du dessin linéaire, de la géométrie
et de la morale; de provoquer dans les communes assez populeuses, la formation de colléges,
partie à la charge de la commune, partie à
celle des écoliers; de laisser les communes
composer ces colléges comme elles le voudront,
pourvu que le respect des lois et celui de la
morale soient observés; de fonder dans toutes
les villes, des collections d'histoire naturelle,
dont elle peut seule fournir des échantillons; de
provoquer ou de faire dans les mêmes lieux,
des collections d'instrumens de physique; de
fonder un collége dans les villes où les communes
auraient négligé cet établissement, mais de le
céder à la commune aussitôt qu'elle pourra s'en
charger; d'encourager les communes opulentes
à fonder des écoles de sciences; de fonder elle-
même des écoles-modèles de cette dernière es-

pèce dans deux ou trois villes seulement, d'y
appeler par des concours solennels les hommes
les plus éminens, de leur donner un traitement
médiocre et d'autoriser les professeurs à faire
payer leurs leçons; de laisser à ces écoles spéciales la liberté de s'organiser, selon le progrès
des sciences: c'est-à-dire de se partager les
matières et de proposer au Gouvernement les
changemens, les améliorations qu'elles juge-
raient convenables; enfin, de faire constater
les lumières de ceux qui veulent prendre des
grades, en faisant payer par le récipiendaire,
dans les mains du Receveur des finances du lieu,
une somme qui couvre l'État de ses frais [1].

Le droit et la théologie sont des études à part:
le Gouvernement doit instituer des écoles de
droit; celles de théologie concernent les Évêques seulement: l'État n'y peut avoir qu'un
simple devoir de surveillance.

On voit qu'en adoptant un plan bien plus en
harmonie avec la liberté que celui qui est suivi
aujourd'hui, on peut faire disparaître le ministère et l'administration toute entière de l'instruction publique: une division du ministère de
l'intérieur, dans laquelle un fort petit nombre

[1] Ceci mérite de plus grands développemens, que je
donnerai s'il y a lieu.

d'employés suffirait, pourvoirait aisément à tout. Les mêmes réformes allégeraient le trésor de la plus grande partie des frais que coûtent les facultés des sciences et de médecine, et l'enseignement en serait bien plus fort et plus utile.

L'administration de l'intérieur est susceptible de grandes réformes économiques, sans rien refuser aux besoins du pays.

La division du territoire est poussée trop loin : ce fut un premier jet dans les travaux des premières assemblées législatives, qui sans doute, avec plus de réflexion, auraient mieux fait. A cette époque, d'ailleurs, la chose n'avait pas, sous le rapport de la finance, les inconvéniens qu'elle a acquis depuis : l'administration civile était faite par des assemblées très-peu dispendieuses ; depuis qu'elle est devenue le partage des Préfets, que les Gouvernemens ont dû employer à bien d'autres usages, il a fallu attacher de gros traitemens à ces emplois. Si, comme il faut le croire, les voies simples et droites du Gouvernement réduisent les Préfets à la seule administration, s'ils n'ont plus de manœuvres politiques à exercer, ils n'ont plus besoin d'être aussi multipliés ni aussi chèrement rétribués. Les fonctions administratives sont devenues assez simples à la faveur des lois qui résolvent toutes les questions, pour qu'un seul homme puisse suf-

fire à les remplir, en général, dans une étendue
de pays égale à celle de quatre de nos départemens. L'utilité des Sous-Préfets étant démontrée
très-minime, on pourrait les réduire à un nombre égal à celui des chefs-lieux actuels des départemens, qui ne seraient pas occupés par le
Préfet : on appellerait *division administrative* de
*la Gironde*, de *la Haute-Garonne*, de *l'Hérault*,
des *Bouches-du-Rhône*, etc., du nom des anciens
départemens où siégerait le Préfet, les nouvelles
circonscriptions ; et *sous-divisions* du *Lot*, des
*Landes*, du *Gers*, de *l'Aude*, des *Pyrénées-
Orientales*, du *Gard*, du *Var*, etc., etc., le
siége des Sous-Préfets. On supprimerait ainsi les
trois quarts des Préfets et une égale proportion
de Sous-Préfets. Cette suppression se ferait sans
inconvénient pour le pays ; car les Conseils généraux, en définitive, doivent administrer ; les
Préfets doivent être les agens exécutifs du Gouvernement dont ils reçoivent les instructions, et
des habitans par les délibérations des Conseils.
Les Préfets feront un plus grand bien : parce
que les Conseils généraux, traitant d'intérêts
communs à une plus grande surface, pourront
donner à l'administrateur suprême des plans plus
vastes à exécuter. Les Conseils des préfectures,
telles qu'elles sont aujourd'hui, ne feront jamais
pour le bien du pays, les grandes et utiles constructions que l'on doit à l'administration des

États des provinces. Ils ne disposent pas de sommes suffisantes ; ils n'ont pas à délibérer sur des
intérêts communs à un assez grand nombre d'habitans. Que le Gouvernement renonce à une trop
minutieuse tutelle sur les délibérations d'utilité
locale ; qu'il se relâche de la rigueur d'un con-
trôle sur des objets qu'il ne peut connaître, et le
besoin d'un aussi grand rouage décroîtra; le pays
sera plus riche de toute la dépense inutile à laquelle il faut pourvoir aujourd'hui, et bientôt il
se couvrira d'une foule de constructions, d'institutions que la centralité ne cesse de paralyser.
Combien de chemins vicinaux existeraient, que
l'assentiment ministériel ou bureaucratique a
empêchés ! Si le Gouvernement veut inspirer
dans un pays qui n'y pense pas, l'idée d'un pont,
d'une usine, d'une culture, d'une exploitation,
etc., qu'il fasse les choses qu'il croit convenables et qu'il les aliène ensuite, même à perte,
aux citoyens ; mais qu'il renonce à un système
de tutèle qui ressemble trop à celui des jurandes,
et qui se prête trop à l'arbitraire. L'administration moins multipliée et laissant plus de marge
au libre arbitre des citoyens, sera moins difficile et plus sympathique avec la liberté.

D'un autre côté, en déchargeant les administrateurs de ce que leur tâche a eu jusqu'à présent
de plus pénible et de plus difficile, on les place

plus haut dans l'estime publique, et l'on peut se
dispenser, à leur égard, d'aussi gros salaires. Il
ne faut pas croire que la race des administrateurs soit sur le point de se perdre ; l'on sait
bien que tel Ministre eût été fort au-dessous du
poste éminent auquel il fut appelé à l'improviste,
si ce n'eût été l'habileté des chefs de division qui
depuis long-temps étudiaient et pratiquaient la
matière ; on sait très-bien aussi, qu'il en est de
même de beaucoup de Préfets, qui ont cultivé
les lettres ou les sciences, et qui auraient à peine
suffi au courant de leur administration, s'il s'é-
tait agi d'autres choses que de signatures à donner. On peut donc réduire sans péril et sans
injustice le traitement des Préfets au taux relatif de dix à quinze mille francs, et ceux des
Sous-Préfets, à deux mille. Il se présentera, on
peut y compter, un grand nombre de citoyens
riches et éclairés, qui desirant joindre la considération des services publics à celle d'une fortune acquise légitimement, seront fort empressés
de prêter au Gouvernement, à la patrie, les
secours de leurs lumières et de leur sagesse.

Il faut s'attendre que l'on va crier à l'aristocratie des richesses ? Ces plaintes me toucheraient
peu : elles ne peuvent être proférées que par de
jeunes avocats, qui regardent comme devant leur
revenir de droit, celui de régenter le pays pour
son argent. C'est une grande lèpre politique que

cette persuasion dans laquelle vit la moitié des
Français , qu'elle doit légitimement vivre aux
dépens de l'autre ; et que la nation ne peut pas
moins faire pour récompenser leurs grands talens, que de déposséder les détenteurs actuels
des grands emplois pour les en investir, ou d'en
fonder tout exprès pour eux. La honteuse inon-
dation des *solliciteurs-délateurs* qui envahit le
ministère en 1830, l'assiégea , l'obséda , le
contraignit à un grand nombre de choix détes-
tables dont le pays gémit encore, et qui ont fait
haïr la liberté en la montrant sous les traits du
despotisme , eût été inconnue , si les emplois
publics n'eussent été une véritable curée , par
leur nombre et l'élévation scandaleuse de leurs
salaires. Rien ne prouve mieux les odieux abus
des Gouvernemens précédens, sous ce rapport,
que cette scène *comico-politique.* Le seul, le
meilleur remède contre cette atteinte grave
portée à la morale publique par la déception
de l'autorité, est de diminuer autant que possible
les emplois et leur rémunération.

A Dieu ne plaise que je veuille pousser la
nation à se priver des grands talens qui peuvent
surgir : moi, né dans la plus profonde roture ,
ne devant rien qu'aux ressources de ma propre
raison, je suis , je dois être fort éloigné d'écarter
qui que ce soit. Mais je sens vivement aussi, par

les leçons de l'histoire passée et de celle de nos
jours, de l'heure même, qu'il est fort important
pour une nation, que la politique, que la di-
rection des hommes, que les emplois fondés dans
cette vue, ne deviennent pas une industrie, un
métier. La raison, la voici : il ne suffit pas d'un
grand talent pour gouverner les hommes : il faut
encore quelques vertus. Eh bien ! elles ne peuvent se démontrer que par la sagesse qu'il faut à
un homme de mérite, pour conserver à ses
enfans le bien que son talent lui a mérité. Quel
signe extérieur peut, sans cela, donner à connaître les qualités estimables d'un homme qui
peut avoir un grand mérite et de grands vices ?
Des crimes impunis peuvent faire accumuler de
grands biens, dira-t-on : j'en conviens. Mais si
la vengeance des lois n'a pas toujours pu atteindre
un grand coupable, au moins le mépris public
l'a toujours si profondément stygmatisé, que
les honnêtes gens s'en éloignent comme d'un
pestiféré. Les talens, l'aisance, la vertu et
l'estime publique marchent donc toujours d'ac-
cord ; et l'on ne fera certainement rien que de
très-juste, en n'accordant de hauts emplois qu'à
des citoyens estimables pour leurs talens et leurs
vertus, qui peuvent d'ailleurs se contenter d'une
médiocre rétribution.

Mais, dira-t-on, les frais de représentation !

Eh ! qu'est-ce qu'un Préfet doit représenter ?
qu'il représente toujours la justice dans ses actes!
Doit-il traiter ? eh! qui? dans quelles vues? lui
faut-il une table ouverte aux élections ?... Quand
sentirons-nous, enfin, qu'il faut renoncer aux
moyens de Gouvernement que l'on a continués
par habitude ou par erreur! Le Gouvernement
déchu ne sait pas, ne pourra jamais savoir tout
ce que lui ont fait perdre d'estime et d'affection
les manœuvres niaises de Préfets, qui donnant à
dîner à tout un collége électoral, allaient disant
à leurs convives : « Je perds *ma préfecture*, si
M. tel n'est pas nommé. » Argument très-con-
cluant: car *ma préfecture*, devait être considérée
sans doute, comme une propriété de M. le
Préfet [1], que personne n'avait garde de com-
promettre sciemment. La droiture que le Gouvernement français a hautement manifestée dans
une occasion récente de cette espèce, où sa
propre existence dépendait des élections, et où
il a noblement abandonné ce qu'il en serait à
l'urne électorale, en fera plus pour les racines
qu'il doit pousser, que toutes les déceptions
imaginables. Le Gouvernement doit être l'expression vivante de l'opinion publique : dès-lors

---

[1] Croirait-on qu'il y a encore des Préfets qui écrivent:
*ma préfecture*, *mon département ;* au lieu du département
que j'ai l'honneur d'administrer?

il n'a plus que faire de *grands voiliers, d'habiles pilotes électoraux :* or, cet emploi étant fort difficile, si on le retranche de la tâche des administrateurs, il est assez juste de diminuer leur rétribution. Que l'on jette un coup-d'œil sur les États-Unis d'Amérique : là les emplois publics sont si peu payés, ils sont si mobiles, que chacun les regarde, non comme un état ou un moyen de fortune, mais bien comme une tâche que l'État réclame : là on est administrateur, comme chez nous on loge un militaire.

Enfin, le dernier rouage de l'Administration, les fonctions municipales, viennent d'être rendues gratuites par la loi : pourquoi les fonctions préfectorales ne seraient-elles pas bon marché ? Les Législateurs n'ont pas craint de manquer de Maires ; c'était une belle occasion de crier à l'aristocratie des richesses ; le reproche n'a pas manqué : qu'importe ; la loi est rendue et une partie de la corruption qui était descendue dans tous les rangs en a été retranchée. Que l'on recherche la source de tous ces grands et nombreux salaires : on verra qu'ils remontent tous au despotisme, qui seul peut s'en accommoder. Mais la foule des payans !

Il est une partie de l'Administration dont il faut parler : le Domaine de l'État. Qui est l'État, pour avoir des domaines ? On oublie trop que

les sommes dont le Gouvernement doit disposer,
sont destinées à solder tous les objets d'utilité et
de sûreté publique, et qu'elles sont prélevées
sur la fortune de tous les citoyens. Or, le mode
selon lequel ce prélèvement se fait, l'impôt,
frappe toutes les têtes : c'est le superflu du
riche ; c'est le nécessaire du pauvre. Mais, des
domaines dans les mains du Gouvernement, sont
un superflu qu'il ne peut manquer de mal administrer. Quoi ! le Gouvernement dispose d'un
superflu, et de pauvres familles sont dépouillées
du nécessaire ! L'impôt, dépassant la quotité
rationnelle, enlève le revenu et une partie du
capital : tandis que ces domaines que l'autorité
ne saurait administrer économiquement, qui
coûtent fort cher par les emplois qu'ils né-
cessitent et qui ne rapportent rien ; s'ils étaient
vendus, passant en d'autres mains prospéreraient
mieux et seraient imposés. Ils seraient utiles à
quelques citoyens d'abord ; et à tous ensuite, par
l'allégement direct résultant de la suppression
des emplois, et par l'extension de la matière
imposable.

Les monopoles sont dans le même cas : leur
exploitation ne saurait être aussi économique
qu'elle le serait dans les mains des particuliers ;
d'ailleurs, l'usage de la chose monopolisée est
extrêmement restreint. Rétablissez la liberté :

vous êtes affranchis de grands salaires, de grands frais d'établissement et d'exploitation ; et l'industrie, la consommation, atteintes par l'impôt sans autres rouages, sans autres frais, augmenteront les ressources de l'État.

Les haras sont un objet très-dispendieux : demandez à tout autre qu'à leurs directeurs, quelle a été leur utilité ? On démontrera facilement qu'elle a été nulle. Je puis citer, sur ce point, le témoignage des Préfets des lieux où il en existe et même de quelques administrateurs de bonne foi. Que l'on achète, bien cher s'il le faut, de beaux étalons ; qu'on les revende à grosse perte, à des *nourrisseurs* éclairés ; que l'on fasse surveiller les produits et qu'on leur donne la préférence sur les produits étrangers, pour les besoins de l'Etat : équipages, remonte de cavalerie, etc. ; et sans d'aussi grandes dépenses, avec de très-grandes économies, on aura les résultats manqués jusques ici ; l'amélioration des races.

La finance est une arche sainte à laquelle on tremble de porter la main : et cependant, si je ne suis dans une grande erreur, on peut y faire de grandes réformes.

Prenons la chose *ab ovo*. Qui paye l'impôt,

ou les impôts : foncier, personnel, somptuaire, portes et fenêtres, patentes, etc.? les citoyens. La réunion des citoyens compose une commune. Le Conseil général de chaque commune est seul compétent pour faire la côte de chacun ; et si les commissaires répartiteurs sont changés tous les ans, force leur sera bien d'être justes, sous la peine du talion. Ainsi, la somme attribuée par le budget à chaque département, étant répartie entre les subdivisions territoriales par les Conseils généraux, et de proche en proche par ceux des communes jusques aux contribuables ; c'est à ceux-ci, réunis en commune, à prendre les mesures convenables pour faire verser de mois en mois, dans les coffres de l'État, la somme dont ils sont passibles. Le Conseil de la commune déléguera chaque année, un chapeau noir, entre les mains de qui, moyennant une retenue fixe, les contribuables devront déposer la somme de leur côte. Ce choix étant à la responsabilité de la commune, on peut s'en rapporter à son intérêt. La somme mensuelle arriverait à la trésorerie, par les voies du commerce, moyennant une prime d'agio dont le commerce profiterait, et qui serait encore bien au-dessous de ce qu'il en coûte aujourd'hui à chaque contribuable, pour salarier les mille et un agens employés à cette seule partie du service public. Il est donc possible de faire disparaître

*la totalité des emplois* que la perception de l'impôt a fait créer ! Eh ! qui poursuivra les retar-
dataires ? la commune, par le ministère d'un
agent légal : un huissier. Sans doute quelques contribuables malheureux seront épargnés : croit-
on que ces non-valeurs ne soient pas plus que
compensées par les frais économisés ? Et d'ailleurs, n'est-ce pas la commune à laquelle une
somme a été imposée ? Ne vote-t-on pas des cen-
times additionnels pour fonder des fonds de non-
valeurs ? S'ils sont conservés, comme il est juste,
et pour cet objet et pour toutes les dépenses
imprévues, il n'y aura plus de *déficit*, et il y
aura moins de dureté dans les poursuites injustes.
Une nation voisine, dit-on, a trouvé si admi-
rables nos moyens de contrôler les comptes,
qu'elle en a ambitionné l'importation : j'aime-
rais beaucoup mieux que son admiration et son
imitation eussent eu pour objet notre économie
sur ce point important !

Il est indispensable, il est vrai, d'avoir des
agens payeurs, pour les troupes, partout où
il y en a. Mais un officier peut remplir cet
office, en faisant verser dans ses mains, sur
quittance, les sommes que doivent envoyer à la
trésorerie les collecteurs des communes. Ces
demandes seraient adressées aux Préfets, qui en
aviseraient les communes ; et les voies du com-

merce serviraient également à faire les versemens. Les choses se font aujourd'hui de même :
seulement les sommes sont centralisées chez les
Receveurs généraux, qui se font réciproquement
des appels de fonds, suivant les besoins et les
avis ; mais l'on sait ce qu'il en coûte à l'État,
c'est-à-dire aux contribuables, pour employer
de tels agens.

Mais, dira-t-on, l'infidélité des collecteurs,
celle d'un négociant peuvent frustrer l'État et
faire manquer le service. Je réponds que le
choix des agens et des moyens étant à la charge
des communes et à leur responsabilité, on peut
s'en rapporter à l'intérêt personnel des mesures
de sûreté. Est-ce que les agens de l'État ne
sont jamais infidèles? Les cautionnemens ont-
ils toujours couvert les *déficit*? Les agens infidèles ne sont-ils pas plus facilement tentés par
le maniement de grandes sommes? En usant
des voies que je propose, il ne se trouvera personne chargé d'une aussi grande manutention
que celle des Receveurs généraux : car rien n'em-
pêche, chez les communes populeuses, d'employer plusieurs maisons de commerce pour les
versemens mensuels. Les calculs de la proportion
de l'impôt que coûte cette perception, sont
vraiment effrayans : c'est une immense économie que celle qui peut être faite à cet égard ;

l'Etat percevrait le chiffre nominal ; et la réduction des côtes que toutes ces économies, notamment celle-là, permettraient de faire, rendrait l'agio du commerce très-tolérable pour les contribuables.

L'impôt sur les consommations est injuste : sa perception est d'autant plus onéreuse. On a démontré depuis long-temps que l'abonnement des communes était bien préférable au mode actuel. Si celui-là n'a pas été pratiqué généralement, c'est sans doute par la résistance de la clientelle. Il faut y revenir, sous peine de grands troubles. Peut-être ferait-on mieux de renoncer à cet impôt et de le remplacer par d'autres.

Deux objets n'ont pas encore été atteints par l'impôt, et cette exemption est une injustice.

Il serait bien plus équitable d'imposer les objets de luxe, que ceux de première nécessité. Quiconque a un cheval, une voiture, en a besoin et a les moyens convenables. Quiconque a des chiens et des armes de chasse a du superflu. Il est de toute justice que ces objets soient imposés. Plus d'un domestique suppose aussi une certaine aisance : ce signe de fortune doit être atteint par les besoins publics.

De grandes fortunes échappent à toute espèce

de charge, placées dans les rentes sur l'Etat.
Pourquoi le papier des titres de cette sorte ne
serait-il pas sujet au timbre proportionnel ?
Craint-on d'altérer le crédit? Ce n'est pas un
acte aussi juste qui peut l'affecter. Maintenez le
respect des lois et de la propriété et comptez sur
la prospérité du credit.

La dette nationale est digne du plus grand
respect: mais elle est administrée d'une manière
onéreuse. En vingt ans de jouissance, le capital
est remboursé par l'intérêt, au taux de la plus
grande partie. Dans le même espace de temps,
le rachat est consommé par l'amortissement : ce
qui fait deux capitaux pour un ; plus la prime
de vente, de 20 à 30 pour °/₀, ce qui fait
près de deux capitaux et demi. La réduction de
l'intérêt est une chose urgente. Il est à souhaiter
que la dette 5 pour °/₀ soit divisée en séries ;
qu'une série ou une fraction soit appelée par le
sort, six mois d'avance, pour recevoir le rem-
boursement, si mieux n'aiment les titulaires,
laisser le capital à 3 pour °/₀. Il est probable
que les économies praticables donneraient les
moyens d'opérer ainsi, assez rapidement, la
réduction d'un intérêt trop élevé, sur-tout en
comparaison de la commodité et de la sûreté du
placement.

L'ordre judiciaire est susceptible de peu d'économies : cependant, celles qu'il peut admettre tendant à l'amélioration de la morale publique, elles seraient d'un assez grand intérêt sous ce rapport. Les juridictions de paix ont une compétence trop resserrée ; elles sont trop multipliées pour être respectées. Les Tribunaux civils sont trop nombreux pour être considérés. « Plus les « justices sont nombreuses, dit-on, plus le papier « timbré rapporte. » Ainsi, on a tranformé en un impôt, la chose la plus respectable ! Mieux vaut cent fois que l'impôt du timbre soit moins productif et qu'il y ait moins de citoyens ruinés par l'entêtement des contestations et les conseils cupides des gens de loi ! et ce but pourra être atteint, si les Juges de paix sont choisis avec plus de soin, si leur magistrature n'est point un métier, s'ils peuvent rendre des arrêts définitifs jusques à concurrence de sommes assez élevées [1]. Alors, on pourrait diminuer sans dommage le nombre des Tribunaux civils : les procès seraient moins nombreux.

Les pensions civiles sont un abus que rien ne saurait justifier, si ce n'est les principes du despotisme qui les a instituées. Je crois avoir dé-

---

[1] J'ai adressé à la Chambre des Députés, il y a long-temps, une pétition sur ce sujet, contenant des idées plus développées.

montré que c'est un grand mal, que les titulaires
d'emplois civils les considèrent comme un état,
un patrimoine. Le mal est bien plus grand, si
cet état doit faire vivre à l'aise, même quand
on ne le fera plus: il s'ensuit que, pour avoir les
années de service continu qui doivent conduire
au droit pour la retraite, un employé peut
être prêt à toutes les bassesses qu'on pourra lui
imposer. Le despotisme peut s'accommoder de
ces dispositions; mais elles ne sont plus de mise
dans un autre Gouvernement. L'État doit assurer
l'existence d'un militaire : c'est son sang qu'il a
accepté! il doit en payer le prix. Mais, en vertu
de quel principe de justice, lorsque la société a
rémunéré des services de toute autre espèce,
doit-elle encore quelque chose à celui qui a oublié
dans sa jeunesse, les besoins et l'impuissance d'un
autre âge? La chose n'est justifiable que par les
termes d'un contrat accepté. Mais, à l'avenir,
cette charge doit être évitée. Craindrait-on de
manquer d'employés : qu'on se rassure ; on en
aura toujours, et de fort habiles, quelles que
soient les conditions.

---

SIRE, NOBLES PAIRS, LÉGISLATEURS, telles
sont les principales réflexions d'un citoyen paisible, exempt d'ambition comme de passion;

mais qui observe attentivement la situation des esprits, les variations et les progrès de l'opinion, et qui prend un grand intérêt à la prospérité de sa Patrie. Puissent mes idées, si elles ne sont pas fondées, fournir au moins quelques données plus solides pour accomplir le soulagement de ceux qui souffrent, calmer les passions irritées, désabuser ceux qui sont dans l'erreur, ramener la paix, la confiance, le travail et rétablir tous les élémens de prospérité que notre puissante nation renferme encore.

FIN.